Contraste insuffisant
NF Z 43-120-14

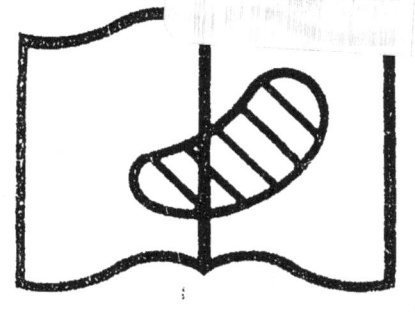

Illisibilité partielle

Valable pour tout ou partie
du document reproduit

G. CLÉMENT-SIMON

UNE PAGE IGNORÉE DE L'HISTOIRE DE TULLE

# LA PRISE DE TULLE

## PAR JEAN DE LA ROCHE

### CAPITAINE DE ROUTIERS

Le jour de la Fête-Dieu (30 mai) 1426

PARIS
HONORÉ CHAMPION, LIBRAIRE
9, quai Voltaire, 9
1895

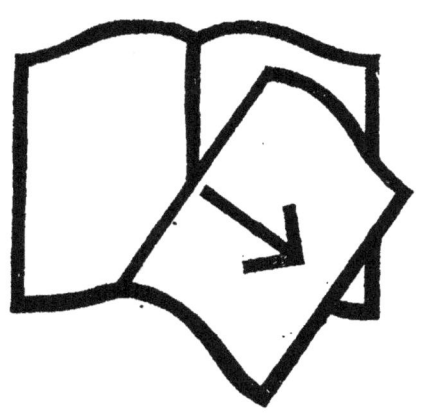

Couverture inférieure manquante

# LA PRISE DE TULLE
## PAR JEAN DE LA ROCHE
### CAPITAINE DE ROUTIERS

Imprimé a 50 exemplaires

N° 24

G. CLÉMENT-SIMON

UNE PAGE IGNORÉE DE L'HISTOIRE DE TULLE

# LA PRISE DE TULLE
## PAR JEAN DE LA ROCHE
### CAPITAINE DE ROUTIERS

Le jour de la Fête-Dieu (30 mai) 1426

TULLE
IMPRIMERIE CRAUFFON
Rue Général Delmas
1895

# LA PRISE DE TULLE
## PAR JEAN DE LA ROCHE
### Le jour de la Fête-Dieu (30 mai) 1426

Guerre avec Jean de la Roche. — Prise et dévastation de Tulle. — Incendie et pillage des faubourgs. — Meurtres et rançonnements d'habitants. — Ravages des environs. — Secours apportés par le comte de Pardiac et Pierre Foucher de Sainte-Fortunade. — Mesures de défense. — Guillaume de Boussac et l'évêque Jean de Cluis.

### AVANT-PROPOS.

Le titre inscrit au-dessus de ces lignes ne laissera pas d'étonner les personnes tant soit peu versées dans l'histoire de la ville de Tulle. Il signale en effet des évènements considérables dans le passé de cette ville et qui sont restés entièrement ignorés jusqu'à ce jour.

La prise à main armée et la dévastation d'une ville étaient chose commune sous le règne de Charles VII, au temps des routiers et des écorcheurs, dans les dernières convulsions de cette guerre de cent ans dont le Limousin souffrit sa grande part. Pourtant, une telle catastrophe, les malheurs qui en résultaient inévitablement, l'effroi, la lutte sanglante, la ruine des édifices, les meurtres, les violences, les exactions du vainqueur devaient laisser des impressions prolongées dans la mémoire des hommes. Que les témoignages écrits n'en aient pas transmis le souvenir, on pourrait à la rigueur le comprendre. La vie civile, l'organisation municipale étaient encore trop rudimentaires dans cette petite cité pour qu'il fût tenu exactement registre même des événements les plus marquants. Dans un âge plus rapproché et lorsque les institutions se furent développées, il ne fut pas pris plus de soin d'en conserver les traces. A ce point de vue, il est peu de localités plus dénuées d'informations. Les archives communales de Tulle tiennent dans un carton et ne remontent pas au delà du xvi° siècle. Moins favorisée que beaucoup de bourgades ou de simples villages, cette cité épiscopale, déjà importante au moyen âge, n'a pas eu le plus petit chroniqueur jusque vers le milieu du xvii° siècle. Mais à cette époque, lorsque Bertrand de Latour, le premier, et Etienne Baluze après lui ont pensé qu'il n'était pas sans intérêt de jeter un regard sur les antécédents de leur lieu natal, deux cents ans à peine après le sinistre exploit de Jean de la Roche, comment la tradition s'en était-elle si complètement perdue que ni l'un ni l'autre n'en aient dit un seul mot, c'est ce qu'il est plus difficile d'expliquer.

Il est vrai que nos deux annalistes se sont cantonnés presque exclusivement dans l'histoire religieuse. Bertrand de Latour, qui n'est point tant à mépriser malgré sa forme rude et sa crédulité par trop naïve, ayant avant tout autre remué un champ inexploré, a intitulé son ouvrage : *Institutio ecclesiæ Tutelensis* (1), et n'a voulu dresser qu'un mémorial des antiquités ecclésiastiques, des abbés et des évêques de cette église qui, selon lui, serait chronologiquement la première de toutes les Gaules. Etienne Baluze, par son titre : *Historia Tutelensis* (2), annonçait des vues plus larges, mais ne les a pas remplies. Avec une érudition plus sûre et d'autres qualités d'ordonnance et de style, il n'a pas beaucoup agrandi le cadre de son devancier. En dehors des faits et gestes monastiques et épiscopaux exposés du reste avec une sobriété voulue, il donne à peine quelques lignes aux actions les plus remarquables. L'histoire de la ville elle-même, des habitants qui ont vécu dans cette modeste enceinte à l'abri du monastère, sous la houlette pastorale, le développement des institutions locales, les progrès dans l'ordre civil et au point de vue social, les rapports rares et effacés, je l'accorde, avec le pouvoir central, les délégués du roi, le roi lui-même, la part, si minime soit-elle, prise au mouvement national, tout cela reste dans l'ombre. Et, par exemple, durant ces quarante années du règne de Charles VII où l'histoire de la France dépasse l'épopée, offre le merveilleux du rêve, où un roi sans héritage, pauvre d'argent, pauvre

---

(1) *Institutio Tutelensis ecclesiæ, ab eaque directæ, quæ Beatæ Mariæ Rupis-Amatoris est, quibus inter Galliarum cœteras temporum series debet vero primas.* Auctore Bertrando Delatour, Doctore theologo, ac ejusdem Tutelensis Ecclesiæ Decano. Tutellæ, apud viduam Jacobi Vachot, 1633, pet. in-8°.

(2) *Historiæ Tutelensis libri tres.* Auctore Stephano Baluzio Tutelensi. Parisiis, ex typographia regia, 1717, in-4°.

d'énergie, regagne son royaume pièce à pièce contre toute espérance, où le Dieu des armées intervient ouvertement pour que cette noble nation ne périsse pas et suscite pour la sauver l'être le plus miraculeux qui ait paru dans l'humanité, ne s'est-il rien passé dans cette ville qui ait trait à ces héroïques péripéties ! Un évêque y est venu et y est mort. Un autre l'a remplacé, est allé négocier en Espagne, a traité avec les citoyens, ses sujets, pour l'usage des fours banaux, a terminé la construction de l'évêché, est mort à son tour... (1). Et c'est tout. Cette ville, principale et capitale d'une province, elle était donc en léthargie dans sa vallée profonde, pour que les émotions et les angoisses qui travaillaient la patrie agonisante (après cinq siècles la pensée en est encore poignante !) ne l'aient pas réveillée et qu'elle ne s'y soit mêlée en aucune façon ! Mais, au contraire, elle n'est pas restée en torpeur, elle a souffert, elle a agi, jamais, peut-être, son existence ne fut plus animée et plus remplie, elle s'associa à ces terribles épreuves, ne resta pas indifférente à la grande cause de l'indépendance nationale. Française dans l'âme, invariablement dévouée à la royauté, elle fournit à Charles VII un concours actif dont les preuves subsistent, fut une des rares villes dont la léauté, le loyalisme, pour employer l'expression moderne, ne connut pas d'hésitation et de faiblesse.

Déjà, lorsque Charles n'était que dauphin, en 1419, c'est à Tulle qu'avait été organisée, par une assemblée des trois ordres, prêtres, nobles et bourgeois, à l'aide de leur contribution volontaire et spontanée, une expédition contre la forteresse d'Auberoche, cette clé du Limousin, détenue par l'Anglais (2). A peine arrivé au trône, le roi affirme sa confiance envers ses fidèles sujets de Tulle, puisque, en 1423, il accorde, non à l'évêque, seigneur, mais aux manants et habitants et à leurs syndics, un secours pécuniaire pour fortifier leur ville (3). Trois ans après, elle était victime du coup de main de Jean de la Roche. Ce malheur, dû sans aucun doute à sa ferme attitude dans le désordre et les divisions de ce triste temps, loin de changer les sentiments de ses citoyens, les surexcita. Ils y puisèrent une nouvelle ardeur, en profitèrent pour obtenir de leur seigneur d'autres droits que celui de cuire leur pain, le droit de garder leur ville à leurs propres dépens, de la défendre contre l'Anglais et les traîtres et tout aussitôt, ils firent élever tours et bastilles pour la mettre à l'abri d'une nouvelle surprise (4). Les Etats de la province se réunirent fréquemment dans ses murs et votèrent avec élan, sans mar-

---

(1) Cette période tient en trois pages de l'*Historia Tutelensis*, pp. 217-219.
(2) Nous reparlerons de cette assemblée.
(3) V. *Historia Tutelensis*, appendix, col. 735.
(4) Nous publierons prochainement les actes concernant ce sujet.

chander, les subsides réclamés pour la guerre (1). Elle reçut deux fois Charles VII et sa cour, d'abord en mai 1442, allant à la journée de Tartas, en compagnie du dauphin, le futur Louis XI, du duc d'Orléans, le bon poète, de la duchesse Marie de Clèves, qui fut mère de Louis XII, de Charles d'Anjou, comte du Maine, frère de la reine, de Charles d'Artois, comte d'Eu, de l'amiral de Coëtivy, des maréchaux de France de Lohéac et de Jalognes (2). L'année suivante, le roi renouvela sa visite avec son brillant cortège augmenté du duc de Lorraine, le roi René qui venait de perdre sa couronne de Sicile. Charles VII célébra à Tulle la fête de Pâques, qui tomba cette année le 21 avril, et le 23 présida en personne dans le réfectoire de l'abbaye les Etats de la province qui lui votèrent une aide de 12,000 livres (3). En 1442, le roi se dirigeait de Limoges sur Toulouse; en 1443, il revenait de Toulouse vers Limoges. Son passage répété par Tulle, située en dehors de la voie directe, semble avoir eu un but déterminé. On peut y voir un mobile d'intérêt, à raison des contributions qu'il était sûr d'obtenir dans la capitale du Bas-Limousin, par son exemple et son influence ; nous y trouvons pour notre part un témoignage marqué de sympathie envers une ville demeurée fidèle à ses ancêtres et à lui-même dans les crises les plus périlleuses (4).

---

(1) On connaît sept réunions des Etats, à Tulle, sous Charles VII : septembre 1419, octobre 1436, décembre 1436, 1439, 1440, 1441, 1443. A. Thomas, *Etats provinciaux de la France centrale sous Charles VII*. Paris, 1879. — Nous croyons que plusieurs autres de ces assemblées, dont le lieu de réunion n'est pas connu, furent tenues à Tulle.
(2) Le roi arriva à Limoges le 1er mai 1442, y célébra le 20 la fête de la Pentecôte. V. *Chroniques de Saint-Martial de Limoges*, p. 215. (Paris, 1874); *Hist. de Languedoc*, t. IV, p. 497. Il était à Tulle le 28 mai. V. la note 4 ci-dessous.
(3) *Hist. de Languedoc*, t. IV, p. 500 ; Thomas, *Etats provinciaux*, t. I, pp. 53, 235. On a des lettres du roi, datées de Tulle le 23 avril 1443, portant nomination des commissaires des Etats.
(4) Baluze a noté le passage de Charles VII à Tulle en avril 1443, sans indiquer que les Etats y furent tenus et que le roi les présida. Il est muet ainsi que les autres historiens sur la visite de l'année précédente. Le fait est pourtant incontestable. L'itinéraire du roi est certain et j'ai publié un acte important délivré à Tulle par Charles VII le 28 mai 1442. (*Archives historiques de la Corrèze*, pièce VII). J'ajoute par occasion que, lors de ses chevauchées dans le Bas-Limousin, le roi fit étape à Saint-Chamant, près Argentat, et logea dans le château de Gui de Saint-Chamant qui était un de ses bons serviteurs. — Charles VII, entouré de sa cour, présidant les Etats de la province dans le réfectoire du vieux moustier, je signale ce sujet de tableau pour le musée naissant de la ville de Tulle. — Il pourrait avoir pour pendant la communion solennelle du roi et de sa suite dans la cathédrale, car on ne peut entendre qu'ainsi le passage du vieil historien rapportant que le roi « célébra la Pâque à Tulle le 23 avril. » Ce serait le moyen d'apprendre par les

Nous ne nous lassons pas de le redire parce que c'est là le caractère le plus accentué de cette ville, celui qui domine et explique son histoire. La guerre, trois fois centenaire avec l'Anglais, les luttes religieuses et politiques, la Ligue, la Fronde, n'ébranlèrent pas un seul instant cette antique fidélité. Tulle n'eut jamais besoin de lettres de rémission, comme Limoges, Brive, Périgueux, Sarlat et autres cités de son voisinage. Elle justifia à travers les siècles la devise qu'elle s'était choisie : *In fide et fidelitate semper immota.*

Il semble que les faits que nous venons de rappeler sommairement méritaient d'être mentionnés dans l'*Historia Tutelensis*. Toutefois, je n'ai pas besoin de l'affirmer, il n'y a pas, dans la constatation de ces lacunes, la moindre idée de dénigrement envers l'illustre érudit qui possède toute mon admiration. L'abbé Baluze a eu l'esprit de son temps et de son état. Sa conception de l'histoire était toute différente de la nôtre. L'élément religieux ayant très longtemps primé et presque absorbé tous les autres, dans cette ville d'église, il n'a guère envisagé que ce côté qui rentrait d'ailleurs dans l'ordre habituel de ses travaux. Sur ce terrain choisi, dans ce compendieux résumé de 300 pages qu'il a publié à 87 ans et qui ne se ressent nullement de l'infirmité de l'âge, il reste un guide sûr et un excellent modèle. Mes remarques ont eu pour but de montrer que nos anciens historiens n'ayant eu qu'un objectif spécial et restreint, les découvertes du genre de celle que j'apporte sont moins extraordinaires qu'elles ne le seraient partout ailleurs et qu'il n'y a pas lieu de les accueillir avec défiance. J'ai voulu aussi faire ressortir que l'histoire proprement dite de la ville de Tulle en dehors de l'évolution religieuse, est encore cachée toute entière dans les manuscrits. C'est là qu'il faut aller la chercher, et ces investigations patientes doivent amener de nouvelles découvertes non moins importantes. Pour ce qui me concerne, celle-ci qui n'est pas la première, mes rares lecteurs le savent, ne sera pas la dernière, je l'espère bien.

Après ces préliminaires, j'arrive aux faits énoncés dans mon sommaire. Ils résultent d'un titre dont l'authenticité n'est pas contestable. C'est un acte d'appel dirigé contre l'évêque de Tulle et la cour de l'officialité, non une copie mais l'original lui-même écrit de la main du notaire et revêtu de son seing. Cette pièce de parchemin mesure 62 1/2 centimètres de largeur sur 40 centimètres de hauteur. L'écriture en est nette, d'une lecture facile lorsqu'elle s'est conservée ; malheureusement, la pièce qui servait de couverture à un vieux registre est maculée et usée en divers endroits, particulièrement sur les bords, de

---

yeux à ceux que l'histoire locale n'intéresse pas d'autre manière, que M. le Président de la République Félix Faure, si bienvenu, n'est pas « *le premier chef de l'État que notre ville ait eu l'honneur de recevoir* », ainsi qu'il lui a été dit dans un discours officiel, le 2 juin dernier, lors de son passage à Tulle.

manière à rendre absolument illisible la fin de quelques lignes (1). Ces lacunes sont sans inconvénient au point de vue du sens général de l'acte. L'intelligence du récit n'en souffre pas. La rédaction en est d'ailleurs remarquable et prouve que les notaires de l'époque n'étaient pas de simples scribes et avaient quelque teinture du droit et des lettres sacrées et profanes.

Je donnerai d'abord la transcription *in extenso* du texte en latin, me contentant de traduire ensuite la partie qui touche à l'histoire et d'analyser le surplus. L'acte est chargé de redondances et de formules de procédure : ceux qui seraient curieux de ces détails les trouveront avec toute leur saveur dans le latin. Je résume l'acte en quelques mots pour en montrer la portée.

Le 30 mai 1426, le capitaine Jean de la Roche et sa troupe se sont emparés à main armée de la ville de Tulle, y ont porté le meurtre et l'incendie, ont rançonné les habitants, ravagé les environs. Grâce à de prompts secours, ils ont été chassés, et la ville, pour éviter une nouvelle surprise, a décidé de faire construire une machine de guerre. Un citoyen, noble Guillaume de Boussac, est chargé d'acheter le fer nécessaire pour cet ouvrage. A cette occasion une querelle s'engage entre lui et le marchand de fer, des injures et des coups sont échangés. Le marchand porté plainte devant l'official. Guillaume de Boussac est condamné par l'évêque lui-même. C'est de ce jugement qu'il fait appel et il raconte à ce propos les faits qui ont donné lieu à la poursuite.

---

(1) Cet acte a passé sous les yeux de notre compatriote M. le comte de Lasteyrie, professeur à l'Ecole des Chartes, membre de l'Institut et député de la Corrèze, qui a bien voulu me prêter le secours de sa haute compétence pour compléter ma lecture. Je lui en exprime ici ma gratitude. — Je possède cet acte depuis de longues années, mais son aspect rebutant, son usure qui semblait le rendre indéchiffrable, m'avaient détourné jusqu'à ces derniers temps de le détacher du registre de notaire auquel il servait de couverture pour l'examiner de plus près

# I

ACTE D'APPEL A LA REQUÊTE DE NOBLE GUILLAUME DE BOUSSAC CONTRE L'ÉVÊQUE DE TULLE. DU 12 AVRIL 1427. — TRADUCTION ET ANALYSE.

In nomine Domini, amen. *Noverint universi et singuli hoc presens publicum instrumentum inspecturi, quod anno ab incarnacione Domini millesimo quadringentesimo vicesimo septimo, die vero duodecima mensis aprilis, illustrissimo principe et domino nostro domino Karolo dei gracia Francorum rege regnante, in mei notarii publici et testium infrascriptorum presencia, personaliter constitutus magister Iohannes-la Borda, civis Tutelle, notarius regius publicus, ut procurator et procuratorio nomine nobilis Guillermi de Bossaco, civis Tutelle, a Reverendo in Christo patre et domino Iohanne, Dei gracia episcopo Tutellensi, et a venerabili et discreto viro domino officiali Tutellensi et a domino sigillifero curie officialatus Tutellensis, et a nonnullis aliis officiariis dicti domini episcopi et curie predicte, procuravit et appellavit, apostolos peciit et cetera fecit prout in quodam papiri rotulo scripto michi infrascripto notario ididem tradito continebatur, cujus tenor sequitur et est talis :*

Cum *beato Paulo qui tunc Saulus dicebatur, dictum fuerit : Saule, Saule, cur me persequeris, durum ut tibi contra stimulum calcitrare* (1), *sic in partium prejudicium et jacturam dici potest presidi partem contra jurium disposicionem gravanti : tu me gravas et ego appellabo; nulli enim dubium quod tremescant jura canonica, civilia perturbentur divinaque, que preponi debent mirari* (2) *non desistunt et sepius corda obnubilantur, naturalisque racio evanescit cum ex inde oritur injuria, unde jus et justicia deberet emanare; cujus gracia*

---

(1) Actes des apôtres, chap. xxvi, verset 14.
(2) *Mirari* et *desistunt* sont d'une lecture incertaine et le sens de ce passage est obscur.

*nedum sanctissimi pontifficis modestia, ymo eciam imperatorum celsitudo, procerum jurisconsultorum provida authoritas xanxierunt ne quis in causa sua propria presumeret esse judex; ideo enim judiciorum vigor, jurisque publici tutela in medio est constituta ne quisquam sibi ipsi permictere valeat ultionem, quod cum nonnulli a juris tramite, juriumque consultorum tradicionibus deviantes procaciter et vindicative parvipendant, inventum est contra ipsium protervitatem et impericiam appellationis presidium, per quod armantur lesi, gravati et oppressi ab eorum gravaminibus et oppressionibus relevantur; ego Iohannes la Borda, notarius regius publicus, procurator et procuratorio nomine nobilis Guillermi de Bossaco, domini de Ublangiis, senciens dictum dominum meum lesum, gravatum et oppressum a vobis Reverendo in Christo patre et domino domino Iohanne, divina gracia episcopo Tutellensi, a vestrisque officiali, sigillifero et aliis officiariis vestris ad importunam requestam, ut fertur, vestri procuratoris fiscalis, promovente Iohanne la Vernha, filio naturali et legitimo Nicolay la Vernha, hostalerii Tutelle, dico et propono ea que sequuntur:*

Et primo *quod a paucis citra temporibus fuit magna mota guerra inter Iohannem la Rocha et civitatem Tutelle ac loca circumvicina ad causam vicecomitatus Turenne, quibus instigantibus et causam e dicto dantibus ille scit qui nichil ignorat, et qui dictam guerram et mala ex inde sequta procuraverunt, cum ante tribunal eterni judicis titubabunt, ubi non proderit eis malicia, astucia, superbia, potencia nec vie inexcogitate, ymo omnia eos accusabunt, de dicta guerra sunt racionem reddituri; parcat tamen eis divina potencia ne eorum anime pereant que tanto precio ut est sanguis Christi redempte fuerunt!*

Item *et quod dictus Iohannes de la Rocha, more predonis, cum multorum complicum potencia, hostiliter, die Corporis Christi* (1), *civitatem Tutelle, absque alicujus principis aucto-*

---

(1) La fête du Corps du Christ ou Fête-Dieu, tomba, en 1426, le 30 mai, et il n'est pas douteux, par la suite de l'acte, que l'événement s'était produit l'année précédente, c'est-à-dire en 1425.

*ritate, invasit, veniendo de villa Aquine prope Tutellam, ubi tunc, vos prefate domine episcope, eratis, et ipsam civitatem multum vastavit, suburbia ipsius incendiando, depredando, homicidia perpetrando, mansos ecclesie comburendo* (1), *personas ecclesiasticas et alias ransonari faciendo, et alia enormissima crimina et forefacta comictendo, que vobis et quibuscumque probis dolore debuerunt; et multo plus civitatem ipsam vastassent si non fuerint impediti per gentes nobilissimi et potentissimi domini domini comitis Pardiaci, vicecomitis Carlati et Murati et per gentes domini Petri Focherii qui civitatem succurrerunt ac eciam per probos homines ipsius civitatis; et hoc est notorium et manifestum et de omnibus...... ...... male dicta.*

ITEM *et quod post ea, dicta civitas remansit in guerra cum dicto de la Rocha, parcat deus illis qui causam dederunt e dicto, ita quod, propter minas dicti de la Rocha, opportuit quod civitatenses sibi providerint, quia eis minabatur de incendiando suburbia et capiendo villam; ideo fuit facta quedam brida* (2) *pro deslotgiando dictum de la Rocha et suos complices de dictis suburbiis si ibidem per potenciam se locgiasset.*

ITEM *et quod pro eo, quia dictus dominus meus acceptavit commissionem cum aliis de dicta civitate, sibi per justiciam et juridictionem Tutelle directam, de faciendo reparari ipsam civitatem et necessaria pro deffencione ejusdem, advisatumque fuisset per notabiles personas quod cum dicta brida [facta esset] dicti predones e dictis suburbiis repellerentur, fuit dictum quod dicta brida que nedum completa erat perficeretur.*

ITEM *et quod pro eo, quia magna ferri quantitas erat necessaria ad complecionem dicte bride fuit preceptum per aliquem de officiariis Tutelle omnibus ferri mercatoribus in ipsa civitate, et specialiter dicto Nicholao la Vernha, ut ferrum vende-*

---

(1) L....que et le chapitre étaient seigneurs fonciers de la ville et de s. banlieue, dans un périmètre marqué par quatre croix. V. Arch... historiques de la Corrèze, pièce XIV. — Les ravages de Jean ... Roche avaient atteint principalement les métairies des enviro... de Tulle qui étaient biens d'église, comme la ville elle-même.

(2) *Brida, briga, bricola*, briche, baliste, machine de jet. V. Viollet-le-Duc, *Dictionnaire de l'architecture*, v° Architecture militaire.

*rent dicto domino meo pro dicta brida complenda, cum salario moderato, qui Nicholaus dicto precepto ut debebat obtemperavit.*

ITEM *et quod dictus dominus meus, cum quibusdam aliis viris, accessit ad operatorium dicti Nicholay la Vernha pro habendo de dicto ferro; et cum dictus Nicholaus diceret quis sibi pro dicto ferro satisfaceret, dictus dominus meus voluit et dixit sese obligare, et eciam Petrus Chalo, in legibus licenciatus et eciam Martinus de Sorriis qui sunt de ditioribus dicte civitatis, et pro dicto ferro principaliter, ut persone private, se obligaverunt pignora tradere pro precio dicti ferri. Verumptamen dictus Nicholaus qui, citra injuriam loquendo, est recte rusticus et de aliquibus in persona sua suspectus, de quibus ipsum purgari opportebit justicia mediante, verba multa injuriosa dixit dicto domino meo et de facto ipsum inspinxit.......... verberando cum dicta barra aut alias; dictus autem Iohannes filius dicti Nicholay eciam cum pugno dictum dominum meum, clericum, in habitu et tonsura incedentem, maliciose pulsavit et sic incidit in canonem.......... excommunicacionis.*

ITEM *et quod dictus dominus meus qui est nobilis et notabilis persona, tunc certans pro bono publico et pro utilitate rei publice, videns se a talibus rusticis realiter injurias (?) subpeditari..................... quam vim vi repellendo, dedit dicto Iohanni unum ictum aut ipsum inspinxit et si voluisset nulli dubium quod et patrem et filium dampnificasset sed nolebat nec voluit.....*

[ITEM *et quod*] ............. *dominum meum de premissis sustinere, actentis injuriis et minis quos ad effectum dicti pater et filius deduxissent si potuissent, et quod dicta brica finita dictus dominus meus se submisit de omnibus illatis in personam..................... fuerant ordinacioni domini judicis aut vice gerentis domini Tutellensis, et pro emenda si qua erat pacifficavit cum illo ad quem tunc temporis emende pertinebant.*

ITEM *et quod cum accordum Tutelle tractabatur, dictus Iohannes la Vernha................. Venthedorensis querela publice exposita, pro dictis verberibus et post multa verba dicta ob que dictus dominis meus presumit ea que inferius dicentur evenisse.*

Item *et quod dictus Iohannes la Vernha quasdam litteras de ............. et de signifficavit............. a domino officiali Tutellensi impetravit racione dictorum verberum, licet eas impetrare non posset, cum esset excommunicatus canonis auctoritate, adversus quas, antequam essent sigillate, certus procurator dicti domini mei se opposuit et fuit ad opposicionem receptus, prout in talibus casibus consueverunt tales opposiciones per vestram curiam recipi ad opposicionem, eidem que dies assignata ad dicendum causas sue opposicionis.*

Item *et quod dicta die assignata, factis comparucionibus coram dicto domino officiali, fuit facta distribucio consilii et causa ad longum litigata et dictus procurator vester conclusit ad magnam emendam, et demum fuit lis contestata et assignatum ad tradendum hinc inde scripturas ad diem mercurii decimam sextam mensis aprilis anno domini millesimo quadringentesimo vicesimo septimo.*

Item *et quod lite sic contestata et dicto apunctuamento sic facto per dictum dominum officialem, placuit vobis prefato domino episcopo quod bene affectatus ad dictum Iohannem la Vernha et contra dictum dominum meum, cum concilio aliquorum inimicorum et emulorum dicti domini mei qui alias tenuerunt contrariam oppinionem, cum omni honore et citra injuriam loquendo, tribunal officialatus Tutellensis in nomine domini assendistis et facta ibidem tali quali aprisia, dicta lite et dilacione et opposicione pendentibus, ordinastis statuendo, ut fertur, quod dicte littere de signifficavit contra dictum dominum meum sigillarentur et per cappellanum Sancti Petri Tutelle et alios execucioni mandarentur; quod tamen, ipsis opposicione, lite et contestacione obstantibus, facere non potuistis, quia statuta se extendunt ad causas et lites futuras et non ad contestatas et perpetuatas, prout coram intelligentibus dilucidabitur loco et tempore opportunis; lite enim pendente et maxime contestata, vos, in prejudicium dicte opposicionis et dicte litis pendencie, nichil debuistis innovare nec ad hoc, salvo vestro honore, potestas vestra de jure se extendit, nec potuistis condere statutum quo ad dictam causam contestatam et in* statutis condendis multa requiruntur, que vos in tribunali non observastis, ob que et plura alia que loco et tempore congruis proponentur, dictum dominum meum, nedum enormiter ymo enormissime, salvo vestri honore, gravastis et oppressistis, et de plus gravando et ipsum excommunicatum denunciari faciendo vos, ut fertur, jactastis.

EA PROPTER, ego prefatus Iohannes, ut procurator et nomine procuratorio dicti domini mei, racione dictorum gravaminum et contra ipsa gravamina et adversus procuratorem fiscalem et dictum Iohannem la Vernha, quathinus quemlibet tangit, et contra quamcumque partem dicto domino meo adversam, adhuc existens infra tempus legitimum appellandi, a vobis preffato domino episcopo et a quibuscumque officiariis vestris et depputatis ac commissis, a vobis ad dominum nostrum summum pontificem et ejus sanctam sedem romanam, et ad dominum archiepiscopum Bituricensem et ejus curiam metropolitanam, in hiis scriptis provoco et appello, apostolos semel, secundo, tercio, sepe, sepius et sepissime, ac cum debita et multiplicata instancia, nomine quo supra, postulo michi dari, submictens me et dictum dominum meum sub tuicione dominorum ad quos appello; inhibens vobis et vestrum cuilibet, quathinus michi fas est, ne contra dictum dominum meum aliquid innovetis seu actemptetis, ipsum pro excommunicato denunciari faciendo, aut alias quovis modo; quod si feceritis protestor contra vos et personam vestram de penis juris, protestor eciam de addendo et minuendo ac corrigendo presentem appellacionem et de ipsam prosequendo per viam appellacionis, duplicationis (?)... nullitatis facti............ prout dicto domino meo et suo concilio videbitur faciendum, requirens vos magistrum Petrum de Borrelono juniorem, notarium publicum, sub pena juramenti per vos in creacione vestri officii prestiti, ut de presenti appellacione conficiatis instrumentum unum et plura.

QUOQUIDEM papiri rotulo scripto, michi infrascripto notario tradito, incontinente ac ibidem dictus magister Iohannes la Borda ut procurator et nomine procuratorio dicti nobilis Guillermi de Bossaco peciit sibi fieri atque reddi per me notarium publicum infrascriptum de dicte appellacionis interposicione, sub pena dicti juramenti, unum et plura publicum et publica instrumentum et instrumenta ad opus dicti Guillermi, quod et que ego infra scriptus notarius dicto procuratori ad opus cujus supra, quantum potui et debui, concessi fiendum et fienda. Acta fuerunt premissa Tutelle, anno, die et regnante quibus supra, presentibus, videntibus et audientibus domino Iohanne Dempeout alias Dantan, presbytero Tutelle, et Iohanne de Castanea, clerico, parrochie de Capella Espinassa, lemovicensis diocesis, testibus ad premissa vocatis et rogatis.

ET ME Petro de Borrelono, juniore, clerico, cive Tutelle, notario auctoritate regia publico qui hujus modi appellacionis interposicioni et aliis premissis, dum sic ut premittitur agerentur, una cum prenominatis testibus, presens fui et de eisdem hoc presens publicum instrumentum recepi, quod manu mea scripsi hicque me subscripsi; et approbatis rasuris factis in diccionibus Iohannes la Borda et illorum dictionum personas quod cum dicta brida dicti predones, facta que mencione de superius omissis ad sequens signetum et dictus procurator vester conclusit ad magnam emendam et demum fuit lis; signum meum consuetum apposui vocatus et requisitus in fidem et testimonium premissorum.

L'acte est passé à Tulle le 12 avril 1427 (1), régnant le roi Charles, par Pierre de Borrelon, notaire, qui a laissé d'autres traces de son exercice. — En présence du notaire public et des témoins bas nommés a été personnellement constitué maitre Jean la Borde, citoyen de Tulle, notaire royal public, lequel en qualité de procureur et fondé de procuration de noble Guillaume de Boussac, citoyen de Tulle et seigneur d'Ublanges, s'est porté appelant contre Révérend Père en Dieu et seigneur le seigneur Jean par la grâce de Dieu évêque de Tulle, discret homme le seigneur official de Tulle et le seigneur garde du sceau (greffier) de la cour de l'officialité de Tulle et du dit seigneur évêque, a déclaré appel, réclamé apôtres (lettres d'appel) et procédé pour le surplus comme il est contenu dans un

---

(1) L'année commençait en Limousin au 25 mars; l'acte est bien de 1427, suivant notre calendrier et non de 1428 avant Pâques. En l'an 1428 de notre style, Pâques tomba le 4 avril.

rôle d'écriture sur papier remis au dit notaire et dont suit la teneur :

Après des considérations générales en style pompeux, dans lesquelles sont évoqués Saint Paul, les empereurs, le pape, les grands jurisconsultes pour affirmer le droit d'appel fondé sur la nécessité de protéger les faibles contre les injustices des puissants, Jean la Borde, en sa qualité, déclare à l'évêque que noble Guillaume de Boussac se trouve lésé et opprimé par lui, son official, greffier et autres officiers, à la requête de son procureur fiscal et sur la plainte de Jean la Vergne, fils de Nicolas la Vergne, hôtelier (et marchand de fer) de Tulle. En conséquence, maitre la Borde dit et expose :

« Que, il y a peu de temps, une grande guerre se déclara entre Jean de la Roche et la ville de Tulle et lieux voisins au sujet de la vicomté de Turenne. Les instigateurs de cette guerre et qui l'ont fomentée, celui qui rien n'ignore les connait et devant le tribunal du juge éternel, lorsqu'ils y paraîtront en tremblant, leur malice, leur astuce, leur orgueil, leur pouvoir et leurs manœuvres inouïes ne leur profiteront pas, au contraire les chargeront davantage et ils auront à rendre des comptes pour tous les maux qu'ils ont causés. Que la puissance divine daigne pourtant leur pardonner afin que ne périssent pas leurs âmes qui ont été rachetées d'un si grand prix que le sang du Christ !

» Item et que le dit Jean de la Roche à la façon d'un brigand, avec une grande force de complices, le jour du Corps du Christ, s'avança en ennemi vers la ville de Tulle, l'envahit de son autorité, venant de la ville de Laguenne, ou vous étiez alors vous même seigneur évêque, la dévasta grandement, incendiant et pillant les faubourgs, commettant des meurtres, ravageant les villages et les champs, mettant à rançon les ecclésiastiques et autres habitants, perpétrant toutes sortes de crimes et d'énormes forfaits qui durent vous affliger, seigneur évêque, ainsi que tous les honnêtes gens. Et ils auraient consommé la ruine de cette cité s'ils n'en avaient été empêchés par les gens de guerre du très noble et très puissant seigneur le comte de Pardiac, vicomte de Carlat et de Murat et du seigneur Pierre Foucher qui lui portèrent secours, ainsi que par les prud'hommes de la dite cité. Et cela est notoire et manifeste...

» Item et qu'après ces évènements, la dite cité resta en guerre avec Jean de la Roche, que Dieu pardonne à ceux qui en furent cause! de sorte qu'à raison des menaces du dit de la Roche qui annonçait qu'il incendierait encore les faubourgs et reprendrait la ville, les citoyens durent pourvoir à leur défense. C'est pourquoi fut construite une certaine machine de guerre afin de déloger le dit de la Roche et ses complices des faubourgs, s'ils y étaient établis en force.

» Item et qu'à cet effet, comme mon dit seigneur [Guillaume de Boussac] accepta avec certains autres citoyens la commission à lui délivrée par la justice et juridiction de Tulle pour réparer les fortifications et faire face aux nécessités de la défense, et comme les notables étaient d'avis que lorsque la dite machine de guerre [serait prête] ces brigands pourraient être repoussés des faubourgs, il fut décidé que sa construction serait terminée.

» Item et que comme une grande quantité de fer était nécessaire pour l'achèvement de la dite machine, il fut ordonné par un des officiers de la cité à tous les marchands de fer de Tulle et spécialement au dit Nicolas la Vergne de vendre à mon dit seigneur, à prix modéré, le fer nécessaire à cet ouvrage. Et le dit Nicolas obtempéra à cet ordre comme il le devait.

» Item et que mon dit seigneur avec certains des autres notables se rendit au magasin du dit Nicolas la Vergne pour prendre le dit fer et comme le dit Nicolas demandait par qui il serait payé de la dite fourniture, mon dit seigneur déclara qu'il s'obligeait personnellement pour ce paiement; de plus, le seigneur Pierre Chalon, licencié en droit, et Martin de Souries, qui sont des plus riches de la dite cité, s'obligèrent au principal et comme personnes privées à donner des gages pour le prix du dit fer. Cependant, le dit Nicolas qui, parlant sans offense, n'est qu'un rustre, sujet à diverses suspicions, dont il devra se purger devant la justice, adressa de nombreuses injures à mon dit seigneur et de fait le poussa [avec une barre de fer et même] le frappa avec la dite barre ou d'autre façon. De son côté, le dit Jean, fils du dit Nicolas, poussa méchamment, avec le poing, mon dit seigneur, qui est clerc et se présentait avec l'habit clérical et la tonsure, et tomba ainsi sous le coup du canon... d'excommunication (1).

» Item et que mon dit seigneur qui est noble et personne notable, agissant dans la circonstance pour le bien public et pour l'utilité de la chose publique, voyant qu'il ne pouvait se défendre contre de tels rustres... qu'en combattant la force par la force, porta un coup au dit Jean et le repoussa. Il n'est pas douteux que s'il avait voulu il eut endommagé le père et le fils, mais ce n'était pas son intention et il ne le voulut pas... »

La suite peut être résumée. Il ne s'agit plus que de procédure. La baliste finie, et Jean la Vergne ayant porté plainte, Guillaume de Boussac se soumit à raison de ces faits à l'ordonnance du juge et pour l'amende qu'il pouvait avoir encourue traita avec le fermier des amendes. Mais pendant cet accord (2), Jean la Vergne requit de l'official, à raison des dites violences, certaines lettres de *significavit* qui ne pouvaient pas lui être accordées puisqu'il était excommunié de fait. Avant qu'elles fussent scellées, Guillaume de Boussac y fit opposition qui fut admise, suivant l'usage de la cour de l'officialité et jour fut assigné pour débattre sur l'opposition. Au dit jour, les parties présentes, la cause fut longuement discutée devant l'official : le procureur de l'évêque conclut à une forte amende, et la suite des débats fut renvoyée au 27 du mois d'avril 1427 pour produire les écritures. Mais le litige ainsi engagé et l'appointement fait, l'évêque prévenu en faveur de Jean la Vergne et contre Guillaume de Boussac par l'influence d'ennemis et de rivaux de celui-ci, parlant sans offense, monta lui-même au tribunal de l'officialité et après une sorte d'en-

---

(1) Toute voie de fait envers un clerc était punie de plein droit par l'excommunication majeure. *Si quis suadente diabolo hujus sacrilegii reatum incurrerit quod in clericum vel monachum violentas manus injecerit, anathematis vinculo subjaceat...* C. 17 du concile de Reims de l'an 1132, confirmé par plusieurs autres conciles. André, *Cours de droit canon*, t. I, p. 495.

(2) Ce passage, dans le texte latin, n'a pu être restitué en entier. D'après ce qu'on peut comprendre, il semble que les parties échangèrent alors d'autres propos qui ne furent pas sans influence sur la suite de la procédure et la condamnation de Guillaume de Boussac.

quête, le renvoi et l'opposition pendants, ordonna que les lettres de *significavit* seraient scellées et délivrées pour être exécutées. Guillaume de Boussac prétend que, dans ces conditions, l'évêque a outrepassé son pouvoir, violé le droit et la procédure et l'a ainsi lésé et opprimé de la manière la plus grave, s'étant même targué, en outre, à ce qu'on rapporte, de le faire frapper d'excommunication. C'est pourquoi le dit maître la Borde, ès-qualités, fait appel de l'évêque, de tous ses officiers, députés et commis au souverain pontife et son saint siège romain et à l'archevêque de Bourges et sa cour métropolitaine, se plaçant sous leur protection et inhibant à l'évêque d'attenter et innover quoi que ce soit à son égard, soit en le faisant frapper d'excommunication ou de toute autre manière, contre quoi il proteste, etc., etc., et requiert du tout acte public qui lui est accordé.

Fait à Tulle, l'an, le jour et régnant comme ci-dessus, voyant et entendant le seigneur Jean d'Ampeaux, *al.* Dantan, prêtre de Tulle, et Jean du Chastaignier, clerc, de la paroisse de la Chapelle-Spinasse, du diocèse de Limoges, témoins appelés et requis. — « Et moi Pierre de Borrelon, le jeune, clerc, citoyen de Tulle, notaire public par autorité royale, qui ai été présent au dit appel et aux choses susdites avec les témoins prénommés et ai reçu le présent acte que j'ai écrit de ma main et que j'ai souscrit, etc., j'ai apposé mon seing habituel en garantie et témoignage des choses susdites. »

L'acte est revêtu du seing en forme du notaire, le *signum* par lui adopté comme signature, sorte de paraphe géométrique, de monogramme en usage au xv° siècle et où figure toujours la croix accompagnée de dessins plus ou moins compliqués.

Je ne reviens pas sur le caractère authentique de cette pièce. Les énonciations qu'elle contient sont confirmées par les circonstances extérieures et par les renseignements que nous donnerons tout à l'heure sur les personnages qui y sont dénommés. Ils sont tous connus et apparaissent dans ce récit avec leur caractère notoire.

## II

Eclaircissements. — Notes sur les personnages nommés dans l'acte.

Sur les faits qui viennent d'être signalés, nous n'avons pas d'autres renseignements que ceux fournis par l'acte d'appel de Guillaume de Boussac. Nous désirerions plus de détails. Le récit de l'attentat de Jean de la Roche n'est qu'un squelette. Guillaume de Boussac rappelle des évènements qui se sont passés la veille, que tout le monde connaît, et il ne le fait que sommairement, d'une façon incidente et pour le besoin de sa cause. Nous ne sommes pas en mesure, quant à présent, de suppléer suffisamment à cette regrettable concision. La prise de Tulle en 1426 prend place désormais dans l'histoire de cette ville, l'attention des chercheurs est sollicitée à cet égard et il n'est pas impossible que quelque nouvelle trouvaille vienne ajouter de plus amples informations à la sécheresse de notre factum. Nous devons nous réduire à donner quelques éclaircissements à côté des faits plutôt que sur les faits eux-mêmes.

Pour se les expliquer il faut se reporter à l'époque troublée où ils se sont produits. A l'avènement de Charles VII, les trois quarts du royaume étaient hors de son obéissance. Le peu qui lui restait nominalement était misérable et ruiné, en proie aux gens de guerre qui vivaient de leurs propres ressources, c'est-à-dire pillaient, rançonnaient, massacraient suivant leurs besoins et leur caprice. Les seigneurs du parti du roi agissaient comme souverains sur leurs terres, bataillaient à leur gré entre eux, contre l'Anglais, contre les sujets du roi. Charles VII, endetté, besogneux au point de manquer souvent d'un carolus (1), sans autorité morale, sans confiance

---

(1) La gêne personnelle du roi est notoire. Il y a des anecdotes à cet égard. Un jour qu'il donnait à dîner à La Hire et à Xaintrailles, il n'avait pour tous mets qu'une queue de mouton et deux poulets. Dans une autre circonstance, ayant essayé des houseaux, il dut les rendre au cordonnier, ne pouvant les payer comptant. J'ai découvert un autre fait du même genre dans un document manuscrit analysé dans ma notice sur Jean de la Roche. V. plus loin.

en lui-même, se sentait impuissant, luttant à peine contre une destinée qui lui semblait fatale. La Guyenne, y compris le Limousin, le Périgord, le Querci, était comme en entier aux Anglais. En Périgord et en Bas-Limousin, ils tenaient plus de cent châteaux. Quelques villes restaient françaises, mais abandonnées à elles-mêmes, à la merci d'une intrigue ou d'un coup de main. Et cela dura en Guyenne plus qu'ailleurs. En 1440, Charles VII sur le trône depuis dix-huit ans, de Périgueux à Bordeaux il n'y avait que deux places françaises (1).

La guerre presque ininterrompue depuis soixante ans et plus avait dépeuplé les campagnes. En Limousin, notamment, la plupart des ténements ruraux étaient délaissés. L'agriculture était devenue nomade, purement pastorale, pour ainsi dire. Les limites entre les héritages vacants n'étaient plus connues, les champs étaient devenus forêts et broussailles (2). Le bétail paissait à l'aventure dans ces immenses friches, fuyant le voisinage des corps de troupe. En Querci, sur 1,000 églises 600 étaient détruites et on ne les reconstruisait pas parce qu'elles auraient été abattues avant d'être terminées. En 1433, l'évêque de Limoges refusa pour ce motif de laisser réédifier la chapelle de Notre-Dame de Beaulieu (3). L'anarchie était telle au début du règne que dans les actes de notaire la rubrique ne fait plus mention du roi régnant en France, mais seulement du pape et de l'évêque du diocèse (4).

C'est dans ces circonstances que Jean de la Roche commit le méfait qui nous occupe. Ce capitaine est souvent nommé

---

(1) Dessalles, *Histoire du Périgord*, t. II; Libourne, 1886; Ribadieu, *Histoire de la conquête de la Guyenne*, p. 173 et s; Bordeaux, 1866.

(2) Une tradition reproduite par quelques auteurs du cru attribue aux Anglais la destruction des forêts qui couvraient autrefois le Limousin. Elle est erronée. Les grandes guerres détruisent les cultures et non les forêts. Le dicton populaire du xv° siècle rapportait au contraire que *bois estoient venus en France par les Anglois*. V. Notice sur Jeanne d'Arc, Mémoires Michaud et Poujoulat, t. III, p. 3.

(3) Pouillé de Nadaud, art. Beaulieu, dans les *Archives historiques de la Corrèze*, p. 455, et *Mémoire pour les Consuls de Beaulieu*, pièce imprimée au xvii° siècle.

(4) Actes de 1425, passés à Rocamadour, « ..... *Martino V, summo pontifice, Guillelmo episcopo Cadurcensi et Bertrando de Malomonte Tutellensi episcopo.....* » sans mention du roi régnant. Lacoste, *Histoire de Quercy*, t. IV, p. 397.

dans les mémoires du temps, mais son identité n'avait pas été fixée et personne ne s'était avisé de reconstituer sa carrière militaire et d'élucider le rôle qu'il a joué dans la première moitié du règne de Charles VII et qui ne fut pas sans importance. Son entreprise sur Tulle, qui est la plus ancienne trace qu'il ait laissée, la part considérable qu'il prit à la lutte contre les Anglais en Limousin et en Périgord m'ont porté à étudier de près ce personnage et j'ai publié le résultat de mes recherches dans la *Revue des questions historiques* (1). J'y renvoie le lecteur. Il suffit de dire ici que Jean de la Roche était en son nom patronymique Jean de la Rochefoucauld, chef de nom et d'armes d'une branche de cette illustre famille (branche de Verteuil, Barbezieux et Mucidan). Il apparaît pour la première fois, par notre acte, en 1426, et jusqu'à 1440, date de sa mort, nous le voyons successivement capitaine de routiers, affranchi de toute dépendance, s'emparant de Tulle, faisant l'année suivante, en compagnie de Jean de Bretagne, une tentative sur Limoges et prenant ses quartiers dans le couvent de religieuses de la Règle, servant ensuite Charles VII sous la Trémoille, gracié par le roi et nommé sénéchal de Poitou, en cette qualité guerroyant tantôt pour son profit personnel, tantôt pour la cause royale; finalement, suivant encore La Trémoille, dans la ligue de la Praguerie, destitué de sa charge de sénéchal et mourant bientôt après. De telles variations ne sont pas rares chez les batailleurs du xv° siècle, ces écorcheurs et retondeurs, plus malfaisants, plus haïs peut-être que l'ennemi héréditaire. N'obéissant qu'à leur intérêt du moment, ils le poursuivaient avec l'âpreté et la cruauté de mœurs propres à cette terrible époque. Les plus célèbres furent les plus avides et les plus inhumains. — Mais ils sauvèrent la nationalité française et il doit leur être beaucoup pardonné !

Pour l'heure, Jean de la Roche était en guerre avec la ville de Tulle « a cause de la vicomté de Turenne, *ad causam vicecomitatus Turenne.* » Mais quelle était cette affaire de la vicomté qui avait allumé la querelle ? Nos historiens sont si pauvres que nous n'y trouvons pas le moindre indice à cet

---

(1) *Un capitaine de routiers sous Charles VII. Jean de la Roche. Revue des questions historiques,* juin 1895. Paris, Champion, 1895.

égard. Baluze, Justel (1) nous donnent de minutieux détails de généalogie sur le titulaire de ce grand fief à cette date, mais se taisent sur des circonstances de sa vie assez importantes pour avoir motivé un conflit armé et la prise d'une capitale de province. Nous ne nous flattons pas de percer complètement ce voile, au moins nous signalons la question.

La vicomté était alors, nominalement sinon de fait, aux mains de Pierre de Beaufort, de la branche d'Herment et Limeuil. Le dernier vicomte dans la ligne directe, Raymond-Louis, n'avait eu qu'une fille, Antoinette, mariée au second maréchal de Boucicaut et morte sans enfants en 1416. La vicomté avait passé à ce moment sur la tête d'Eléonore de Beaufort, comtesse de Beaujeu, sœur de Raymond-Louis. Privée également de postérité, Eléonore, par testament de l'an 1420, avait donné la vicomté à son cousin germain Amanieu de Beaufort et à son défaut au frère de celui-ci, Pierre de Beaufort, susnommé, tous deux fils de Nicolas de Beaufort (frère du pape Grégoire XI), seigneur d'Herment, et de sa seconde femme Mathe de Montaut. Amanieu étant mort quelques mois après Eléonore, Pierre était arrivé à la vicomté. Mais elle lui fut disputée de diverses parts. D'abord en justice réglée par Alix dame de Baux, fille de Jeanne de Beaufort sœur d'Eléonore (2). Nous ne pensons pas que la ville de Tulle ait eu à prendre parti dans ce litige civil auquel Jean de la Roche paraît être resté tout aussi étranger. Ce n'est pas de ce côté qu'il faut chercher l'occasion de la querelle.

Pierre de Beaufort était issu, nous l'avons dit, d'un second mariage de Nicolas, seigneur d'Herment. Nicolas avait eu d'une première union avec Marguerite de Galard, dame de Limeuil, un fils, Jean de Beaufort, seigneur de Limeuil du chef de sa mère. Ce fut un fils ingrat, qui ne respecta pas son père, se sépara de lui et de ses oncles pour suivre la cause anglaise. Nicolas le déshérita formellement par son testament de l'an 1415. Néanmoins, à la mort de la vicomtesse Antoinette, en 1416, Jean de Beaufort se porta comte de Beau-

---

(1) Baluze, *Hist. de la maison d'Auvergne*; Justel, *Histoire de la maison d'Auvergne* (et de celle de Turenne).
(2) Contre laquelle il obtint gain de cause par arrêt. Justel, p. 73.

fort et vicomte de Turenne et fut reçu en 1420 à la foi et hommage du comté de Beaufort (1). D'après Justel, le P. Anselme, Moréri, il mourut sans postérité (tué dans un soulèvement populaire à Limeuil) cette année 1420. Nadaud, dans son *Nobiliaire de Limoges*, prolonge sa vie jusqu'en 1426.

Il est probable que Jean de Beaufort, en lutte avec son frère puiné, usurpa la vicomté en tout ou en partie, la livra aux Anglais ou à Jean de la Roche. Pierre de Beaufort défendit son bien par les armes. La ville de Tulle, toujours hostile à la domination étrangère, se rangea du côté du vicomte légitime et fut ainsi engagée dans ce conflit. C'est l'hypothèse la plus vraisemblable : mais nous reconnaissons qu'elle ne s'appuie que sur des présomptions (2).

Nous savons encore que Jacques de Pons, autre guerroyeur turbulent, et qui fut aussi « de l'escorcherie », descendant par Marguerite Rudel de Raymond IV de Turenne, prenait aussi à cette époque le titre de vicomte de Turenne (3). Les Beaufort-Canillac d'Auvergne prétendaient également une part dans la vicomté. Ces notions montrent clairement qu'en 1426 il pouvait, il devait y avoir une question de la vicomté et dans l'état des choses les Anglais et les routiers y jouaient certainement un rôle. La forteresse de Turenne était un poste militaire de première importance et donnait une grande puissance à celui qui la possédait.

Ce qui est certain, c'est que Pierre de Beaufort était bon français, serviteur de Charles VII au temps où celui-ci n'était encore que régent, et qu'aux environs de 1426, il était en guerre avec les Anglais dans le Bas-Limousin. En 1428, lorsqu'il conduisit des troupes au roi marchant sur Bourges, il avait conclu une abstinence de guerre pour ses terres avec un capitaine anglais, afin de pouvoir quitter librement le Bas-

---

(1) Justel et Baluze.
(2) Jean de Beaufort-Limeuil obtint de Charles VI, en 1408, des lettres de rémission. Il y est question des châteaux de Saint-Exupéry, Carlux (ce doit être Charlus), etc., livrés aux Anglais par le dit Jean de Beaufort. Dessalles, *ibid.*, p. 409. — Saint-Exupéry, près Ussel, dépendait de Turenne. Nos présomptions se trouvent ainsi fortifiées. Plus tard, Jean de la Roche mit la main sur Saint-Exupéry, et les Etats du Bas-Limousin durent le lui racheter.
(3) Dessalles, t. II, p. 435.

Limousin (1) Il resta fidèle à son souverain. Le 13 juin 1439, Charles VII lui donna commission et pouvoir de conquérir les villes, places, châteaux, forteresses, terres et seigneuries des pays de Limousin, Périgord et Querci détenus et occupés par les Anglais en lui concédant la jouissance, sa vie durant, de tout ce qu'il pourrait gagner et conquérir des dits pays (2). Le 28 mai 1442, il fut nommé avec le comte de Penthièvre, le comte de Ventadour, le seigneur de Treignac et autres, lieutenant général pour le fait de la guerre en Périgord, Limousin, Querci, Montagnes d'Auvergne et Poitou (3). Pierre de Beaufort aida beaucoup à la conquête de la vicomté de Limoges et du Périgord par Jean de Bretagne (4) et plus tard à la réduction de la Guyenne. Il mourut en 1440.

La ville de Tulle était donc entrée dans cette querelle de la vicomté, en faveur du serviteur du roi, c'est-à-dire pour la cause royale contre ses adversaires. Jean de la Roche était établi avec ses routiers à Laguenne, ce qui prouve qu'il avait vaincu toutes les résistances sur son passage. Sachant ce dangereux ennemi à trois quarts d'heure de marche, Tulle aurait dû se mettre sur ses gardes, prendre des précautions pour sa défense. Elle avait déjà une enceinte de murailles récemment réparée. Les faubourgs n'étaient, il est vrai, protégés que par des palissades et de chétifs bastions, mais la ville proprement dite, l'enclos, pouvait arrêter quelques jours un régiment. Plutôt qu'une attaque préparée et prévue, un siège en règle, ou même un assaut, je crois que ce fut une surprise. Le récit écarte l'idée d'un simple « appatissement » procédé ordinaire des routiers, contribution imposée à une ville pour s'affranchir de l'occupation à main armée. Il y eut résistance puisqu'il y eut mort d'hommes, rançonnements, incendie des faubourgs, ravages des environs « et autres énormes forfaits ». Il s'agit bien d'une action militaire et non de menaces et de

---

(1) Marquis de Beaucourt, *Histoire de Charles VII*, t. II, p. 165, d'après des lettres de rémission de l'année 1450, aux Archives nationales JJ, 180, n° 140.
(2) Justel, *op. cit.*, preuves de Turenne, p. 147.
(3) *Archives historiques de la Corrèze*, pièce VII. Lettres du roi délivrées à Tulle.
(4) Voir ma notice sur Jean de la Roche.

contrainte morale. Mais la défense ne dut pas être énergique, ni prolongée. Guillaume de Boussac n'eut pas manqué, semble-t-il, d'en faire mention, et, dans son narré, la ville forcée, saccagée, garde un rôle presque passif. Heureusement, elle fut secourue, ce qui empêcha le désastre d'être complet. Bernard d'Armagnac, comte de Pardiac, gendre de Jacques de Bourbon, comte de la Marche, se trouvait dans ces parages avec des troupes ; Pierre Foucher, seigneur de Sainte-Fortunade, à deux lieues de Tulle, avait de son côté quelques gens de guerre sous ses ordres. Tous deux, dévoués à Charles VII, ne voulurent pas laisser détruire la ville la plus importante du Bas-Limousin et sur laquelle le roi pouvait le plus compter. Ils s'entendirent avec les prud'hommes (les syndics et citoyens notables) et chassèrent Jean de la Roche. Nous ignorons si cette expulsion eut lieu par violence ou si l'envahisseur se retira devant un déploiement de forces supérieures aux siennes.

La querelle ne fut pas éteinte. Jean de la Roche s'éloigna avec esprit de retour, menaçant d'incendier de nouveau les faubourgs et de reprendre la ville. C'est pourquoi les citoyens songèrent à préparer une meilleure défense pour l'avenir et firent construire une machine de guerre pour repousser l'ennemi des faubourgs, s'il s'y maintenait, et ne pas le laisser approcher de l'enclos. L'analyse que nous avons donnée ci-dessus fait connaître les incidents que souleva cette construction. Ils sont moins importants pour notre sujet. Notons en passant qu'il en résulte que l'administration de la ville au point de vue de sa défense était déjà aux mains de ses habitants, quoique Tulle n'eût pas encore le droit de commune et que l'évêque en fût seigneur foncier et justicier.

Notre acte nous révélant incidemment et comme par hasard, des faits restés inconnus, laisse plusieurs points obscurs. Quels sont « ces instigateurs de la guerre et qui l'avaient fomentée et entretenue par leur malice, leur astuce et leurs manœuvres inouïes ! Ils furent de grands coupables et auront de terribles comptes à rendre devant le juge suprême pour les maux innombrables qu'ils ont causés !... mais que la miséricorde divine daigne leur pardonner... » Ainsi s'exprime Guillaume de Boussac s'adressant à l'évêque et il y revient avec une appa rence d'onction qui déguise à peine une indignation outrée. Que vient faire là cette mystérieuse récrimination contre ces méchants qu'on n'ose nommer et qui ont ourdi leur trame dans l'ombre ! En quoi ce ressouvenir amer est-il utile à la cause d'appel !... On se demande malgré soi si cette allusion formulée avec une réserve étudiée, mais répétée avec insistance, dans un acte adressé à l'évêque, ne contient pas une sourde insinuation contre l'évêque lui-même ! Et cette pensée s'impose dans la suite du factum, en lisant entre les lignes : « .....Jean de la Roche, marchant vers Tulle, pour s'en saisir, partit de Laguenne, où vous étiez vous-même seigneur évêque !...... » N'est-ce pas un reproche, contenu par la crainte révérencielle d'un clerc vis-à-vis de son évêque, n'est-ce pas lui dire : Vous avez vu Jean de la Roche marcher sur Tulle pour la détruire et vous n'avez rien fait pour l'en empêcher ! Et quand l'appelant ajoute : « Et ces crimes énormes durent vous affliger comme tous les honnêtes gens,..... » ne sent-on pas que l'insinuation prend la forme de l'ironie ! Lorsqu'il s'agit de la sentence, les reproches deviennent formels et directs : « En ma qualité de clerc et de délégué de la ville, je m'attendais, dit Guillaume de Boussac, à être protégé par vous à cause des injures et des menaces que j'avais reçues, mais au contraire entrainé par la prévention en faveur de Jean LaVergne et contre moi, d'accord avec certains de mes ennemis et de mes rivaux, vous êtes monté vous-même au tribunal et malgré l'état de la procédure qui suspendait le jugement, et quoique la cause fut renvoyée à jour fixe, après un simulacre d'enquête, outrepassant votre pouvoir, vous m'avez condamné..... vous vous êtes même vanté de me faire frapper d'excommunication !..... »

Ces derniers faits eux-mêmes sont suggestifs. Comment l'évêque a-t-il jugé opportun de monter en personne sur le siège de l'officialité dans une affaire de ce genre, si minime en soi si elle n'avait pas des dessous cachés pouvant intéresser sa personne ? Mesure d'un usage bien rare ! En supposant même que l'appelant raconte la scène à sa guise et qu'il ait eu tous les torts dans cette rixe anodine, comment l'évêque a-t-il ainsi brusqué la décision, condamné précipitamment, brutalement un noble, un clerc, un délégué de la ville qui à tous ces

— 30 —

titres semblait avoir droit à plus d'égards (1). Il va même plus loin, veut le frapper d'excommunication, fait sceller contre lui les lettres de *significavit* (2).

Pour moi j'estime que Guillaume de Boussac, avec ou sans raison légitime, entend dire à l'évêque qu'il a joué un rôle suspect dans ces événements, qu'il a favorisé secrètement l'expédition de Jean de la Roche et que la partialité et l'illégalité du jugement qu'il a voulu rendre lui-même s'en sont suivies. On appréciera si l'interprétation est tirée par les cheveux, comme on dit vulgairement.

Il y a pourtant une objection : c'est que Jean de Cluis nous est montré, à partir de 1428, comme ayant la confiance de Charles VII et la méritant par ses services. En 1429, il est négociateur pour le roi en Espagne; il fut, ensuite, toujours choisi comme commissaire près des Etats. Mais nous ne sommes qu'en 1426 et Jean de Cluis lorsqu'il se trouve à Laguenne avec Jean de la Roche n'est pas encore évêque, il n'est que vicaire général de l'évêque Bertrand de Maumont son parent. Probablement, il exerce en fait les fonctions épiscopales, mais il n'en sera investi que quelques mois plus tard, après la mort du titulaire. L'évêque peut avoir pris une autre attitude que le

---

(1) Dans un passage de l'acte sur lequel nous reviendrons tout à l'heure, il est question de propos tenus au cours du procès et qui auraient eu de l'influence sur sa décision. On peut encore supposer que Guillaume de Boussac avait mal parlé de l'évêque, avait déjà lancé des insinuations contre lui.

(2) Les lettres de *Significavit*, dites aussi *in forma malefactorum*, constituaient une mesure extrêmement grave surtout vis-à-vis d'un clerc. C'était le prélude de l'excommunication. On les nommait ainsi parce qu'elles commençaient ordinairement par ces mots : *Significavit nobis dilectus filius*. Par ces lettres délivrées quelquefois par le Pape, le plus souvent par l'ordinaire, il était enjoint, sous peine d'excommunication, à tous ceux qui avaient connaissance du crime dénoncé, de ses circonstances et particulièrement du coupable, de venir faire leur déclaration devant l'officialité. Le coupable lui-même était compris dans cette injonction et les juristes examinent le cas où le prêtre chargé de l'exécution des lettres est en même temps le confesseur du coupable qui lui a révélé sa culpabilité. Ils décident que le confesseur doit d'abord l'admonester de donner satisfaction et s'il s'y refuse lui interdire la communion et les sacrements (Jean Papon, *Le secret du troisième notaire*, p. 276, Lyon, 1583; Fevret, *Traité de l'abus*, t. II, p. 159, éd. de 1679). Ces règles furent plus tard adoucies par les Parlements, mais au commencement du xv° siècle elles avaient toute leur force, notamment quand il s'agissait d'un clerc. Aussi Guillaume de Boussac se borne-t-il à faire appel au métropolitain et au Pape.

vicaire général. Un homme mécontent peut penser et agir autrement qu'un homme satisfait. Nous avons dit du reste que la logique ne gouvernait pas les esprits à cette époque mais le lucre et l'ambition (1).

Il y a encore un autre détail obscur dans notre charte. A raison de quelques mots illisibles, nous ne pouvons pénétrer le sens d'une phrase qui fournirait un utile éclaircissement. Voici le passage :

*Item et quod cum accordum Tutelle tractabatur, dictus Iohannes la Vernha.................Venthedorensis querela publice exposita pro dictis verberibus et multa verba dicta ob que dictus dominus meus presumit ea que inferius dicentur evenisse...*

Qu'est-ce encore que cette querelle (plainte, procès) de Ventadour publiquement exposée ? Quelle liaison a-t-elle avec l'affaire de la vicomté, avec la prise de Tulle, avec la dispute entre Guillaume de Boussac et Jean la Vergne, avec les propos tenus, le procès pendant ? — A cet égard, nous ne pouvons pas même faire une hypothèse. L'intelligence du passage nous échappe complètement. En 1426, le comte de Ventadour était Charles de Ventadour qui avait succédé deux ans avant à son frère Jacques tué à la bataille de Verneuil. Il fut lui aussi très dévoué à Charles VII et le servit vaillamment dans la guerre de Guyenne. Il mourut très âgé en 1486.

Le comte de Pardiac et Pierre Foucher sauvèrent la ville de

---

(1) Notre acte aide à préciser, mieux qu'il n'avait été fait jusqu'à présent, le début de l'épiscopat de Jean de Cluis. Bertrand de Latour, le *Gallia Christiana*, le P. Gams placent sa nomination à l'évêché de Tulle en 1428. Baluze (*Hist., Tut.*, p. 216) énonce qu'il n'a rien trouvé sur son exercice avant cette même année 1428 et semble ainsi de la même opinion. M. l'abbé Poulbrière (*Histoire du diocèse de Tulle*) suit Baluze. Notre acte établit positivement que Jean de Cluis exerçait déjà comme évêque le 12 avril 1427. A raison des délais nécessaires pour l'obtention des bulles, le serment, la prise de possession, etc., il est vraisemblable que l'élection devait remonter à 1426. Toutefois au 30 mai de cette année 1426, lors de l'expédition de Jean de la Roche, Jean de Cluis n'était pas encore évêque puisque nous avons un acte passé au nom de Bertrand de Maumont, son prédécesseur sous la date du 22 août 1426. Pour le développement de ces observations, voir nos additions au Pouillé de Nadaud, dans les *Archives historiques de la Corrèze*, chronologie rectifiée des évêques de Tulle. — Jean de Cluis, évêque, ambassadeur, commissaire des Etats mériterait une biographie étudiée.

Tulle. Il y a lieu de donner quelques renseignements à leur sujet.

Bernard d'Armagnac, comte de Pardiac, eut une grande notoriété sous Charles VII. Des personnages du nom d'Armagnac au xv° siècle, c'est cependant le moins célèbre parce qu'il fut le moins criminel. Cette figure n'a pas le relief des scélérats qui attachèrent à cette race un renom universel de cruauté et de dépravation. Les grandes biographies ne lui font pas l'honneur d'un article. La vie de ce vaillant serviteur de la cause royale, gouverneur du dauphin Louis, sénéchal de Limousin, acharné ennemi de l'Anglais, méritait pourtant d'être rappelée. Il suffit pour notre objet de relever les circonstances qui expliquent sa présence dans le voisinage de Tulle et son intervention en faveur de la capitale du Bas-Limousin.

Bernard d'Armagnac était le fils cadet du fameux comte d'Armagnac, connétable de France qui fut massacré au mois de juin 1418, à Paris, dans la cour du Palais, par la faction bourguignonne. Bernard naquit le 29 mars 1400 (ou 1401) (1) et fut apanagé par son père du comté de Pardiac, que celui-ci venait de conquérir sur son parent Géraud d'Armagnac-Fezensaguet. Il devint, du chef de sa mère, Bonne de Berry, vicomte de Carlat et de Murat en Haute-Auvergne. Dès sa jeunesse il s'attacha au fils de Charles VI et lui fut toujours dévoué sauf en une circonstance passagère où il suivit la rébellion du connétable de Richemont (2). Le comte de Pardiac, mineur de vingt-cinq ans, épousa le 27 juillet 1424 (et non 1429) (3) au château de Roquecourbe, diocèse de Castres, Eléonore de Bourbon, fille unique de Jacques de Bourbon, comte de la Marche et de Castres, et, par son second mariage avec la reine Jeanne II, roi de Naples, de Hongrie et de Jéru-

---

(1) En 1400, d'après l'*Histoire de Gascogne*, de Monlezun, t. IV, p. 213 ; en 1401, suivant les *Essais historiques sur le Rouergue*, par le baron de Gaujal, t. I, p. 95.

(2) En 1428. Les révoltés s'emparèrent de Bourges. V. ma notice sur Jean de la Roche.

(3) Les Bénédictins dans l'*Art de vérifier les dates*, t. II, p. 287, et le P. Anselme, dans l'*Histoire des grands officiers de la Couronne*, placent ce mariage en 1429. Cette assertion adoptée par la plupart des auteurs est évidemment erronée. Dom Vaissette (*Hist. de Languedoc*, t. IV, p. 491), Joulliétton (*Hist. de la Mar-

salem. A la suite de l'union de Bernard et d'Eléonore, Jacques de Bourbon établit son gendre son lieutenant général dans le comté de la Marche. Bernard avait cette qualité dès le 24 avril 1426, comme il résulte d'une quittance délivrée par lui à cette date (1). Plus tard, en 1432, Jacques de Bourbon le nomma son lieutenant général pour toutes les terres qu'il possédait en France (2). Cette délégation générale ne contredit pas la commission particulière qui lui avait été donnée antérieurement. Joullieton dit même que l'époux d'Eléonore fut appelé Monseigneur de la Marche aussitôt après son mariage (3), mais ce fait est à vérifier. Il est certain qu'à partir de 1435, Jacques de Bourbon s'étant retiré dans un cloître, Bernard d'Armagnac prit le titre de comte de la Marche de l'agrément du roi. Lorsque les historiens parlent du comte de la Marche, il faut l'entendre de Bernard d'Armagnac, à partir de mai 1435, tout au moins (4).

Ainsi s'explique son ingérence fréquente dans les affaires du Limousin. Bernard d'Armagnac se distingua dans les armes de très bonne heure; le dauphin le créa chevalier, le 16 mai 1420, au Puy-en-Velai, et peu après son avènement le nomma gouverneur de province (5). En 1422, le sire de Rochebaron, partisan du duc de Bourgogne, s'étant mis à la tête d'un corps de 800 hommes et ravageant l'Auvergne, le Limousin, le Gévaudan et pays circonvoisins, Bernard, à peine majeur de

---

che, t. I, p. 261), donnent la véritable date qui est d'ailleurs confirmée par une mention du *Recueil des Rois de France* de Du Tillet (p. 162, Paris 1607). Cet écrivain cite des conventions faites le 4 septembre 1424, en outre du traité de mariage entre Bernard d'Armagnac, comte de Pardiac, et Eléonore de Bourbon. Extrait d'un registre de la chambre des comptes, f° 43.

(1) « Quittance de Bertrand [lisez Bernard] d'Armagnac, lieutenant du roi Jacques dans le comté de la Marche, à Jacques de la Ville, de 500 livres à lui données par les Etats [tenus à Guéret] pour dépenses faites au profit du pays, 24 avril 1426. Bibl. nat. Pièces originales, doss. Armagnac. » A. Thomas, *Etats provinciaux*, t. I, p. 263. — Joullietton, t. I, p. 201, mentionne aussi cette quittance.

(2) *Art de vérifier les dates*, t. II, p. 287.

(3) Joullietton, *ibid.*

(4) Joullietton, *ibid.*, cite une quittance du 12 mai 1435 dans laquelle Bernard d'Armagnac se qualifie comte de la Marche et gouverneur pour le roi au Haut et Bas Limousin.

(5) *Hist. de Languedoc*, t. IV, p. 453; *Art de vérifier les dates*, t. II, p. 287.

vingt-un ans, prit l'initiative de le réduire. S'étant joint au bailli de Lyon et au sire de la Fayette, il assembla la noblesse de ces provinces au Puy, et à la tête de cette troupe poursuivit les pillards jusqu'à Serverette, près Marvejols, les battit et les dispersa (1).

Les récompenses nombreuses qui lui furent allouées par les Etats des trois provinces du diocèse prouvent qu'il batailla fréquemment en Limousin, mais faute de documents plus précis nous ne pouvons le suivre dans ces exploits (2). Il peut être compris lui aussi parmi les capitaines de routiers. Le Bourgeois de Paris, après avoir parlé du connétable de Richemont qui avec « ses larrons » avait mis à sac les environs de Pontoise, ajoute : « Item la darraine sepmaine de juing [1439], vint ung autre aussi mauvais ou pire, nommé le conte de Perdriel [Pardiac] qui fut filz du conte d'Arminal qui fut tué pour ses demerites et admena une autre grant compaignie de larrons et de meurdriers qui pour leur mauvaise vie et détestable gouvernement furent nommez les Escorcheurs; et pour vray ilz n'estoient pas mal nommez, car aussitost qu'ilz venoient en quelque ville ou villaige, il convenoit soy rançonner à eulz à grant finance, ou ils dégastoient tous les blez qui y estoient qui encore estoient tous vers..... et là pilloient, tuoient, ranconnoient les blez et tous autres gaignaiges sans autre bien faire » (3). Mais le Bourgeois de Paris est plus bourguignon que français et les soucis de la vie matérielle priment chez lui tous les autres.

---

(1) *Hist. de Languedoc*, t. IV, p. 459.
(2) Dans un acte de notaire du 23 juillet 1446 (transcription de M. Oscar Lacombe), il est question d'une expédition du comte de Pardiac dans la vicomté de Turenne : « *Actum Tutelle... die 23 mensis julii 1446. Qua die nobilis Helias Jaufredi filius nob. Petri Jaufredi, par. de Noalhaco, lem. dioc... dixit quod Petrus de Champeu, clericus, par. de Tarnaco, lem. dioc. iverat et fuerat in societate plurium gencium armorum deprodaturus hospicia et bona dicti nobilis P. Joufredi, quando dominus Pérardiaci* (lisez *Pardiaci*) *sive Marchie iverat Turennam...* » Les parties transigent. — Cette expédition, à raison du temps écoulé et du titre de comte de la Marche donné au comte de Pardiac, ne paraît pas se rapporter aux événements de 1426. Notaires du xv° s. E. 42, f° 47. Arch. du dép. de la Corrèze.
(3) *Journal d'un bourgeois de Paris*, 1405-1449, éd. Tuétey, p. 346, Paris, 1881.

Si l'on en croyait certains historiens du même parti (1), Bernard d'Armagnac aurait des méfaits plus atroces à se reprocher. Le maréchal de Séverac était son ami et son bienfaiteur : c'est lui qui avait épousé, comme procureur de Bernard, Eléonore de Bourbon. Après avoir fait son testament en sa faveur, il changea ses dispositions. Bernard, furieux, l'attira dans un guet-à-pens au château de Gages en Rouergue, l'assassina lâchement et pendit son cadavre à une fenêtre du château. Mais ce crime, s'il a été commis, doit être imputé non à Bernard, mais à Jean, comte d'Armagnac, son frère, qui après la mort de Séverac se mit en possession de ses biens tout en faisant accuser Bernard de ce forfait (2). Il ne faut pas oublier du reste que les principaux chroniqueurs du règne de Charles VII sont bourguignons et ont chargé outre mesure les Armagnacs.

Lorsque la ville de Tulle fut prise par Jean de la Roche, le comte de Pardiac était, depuis déjà deux ans, lieutenant-général de son beau-père pour le comté de la Marche. On comprend aisément qu'il avait intérêt à empêcher ce voisin dangereux de s'établir sur la frontière, pour ainsi dire, du comté dont il jouissait déjà et qui devait être à brève échéance la propriété de sa femme. Le comté de la Marche, par la châtellenie de Rochefort, s'étendait jusqu'aux portes d'Ussel, à une journée de Tulle. Le service que Bernard d'Armagnac rendait au roi en protégeant une ville fidèle entre toutes, était ici doublé d'une mesure de défense personnelle. Informé de la présence de Jean de la Roche en Bas-Limousin, il s'était peut-être avancé en observation. Même n'étant pas sorti des limites de son comté, il pouvait se transporter à Tulle assez promptement pour s'opposer à sa ruine complète. Le comte de Pardiac fit ainsi revivre de glorieux souvenirs de sa famille. En 1346, son bisaïeul le comte d'Armagnac avait repris la ville de Tulle sur les Anglais. Bernard d'Armagnac mourut en 1462, peu de temps après son roi.

Pierre Foucher était pour la ville de Tulle une connaissance

---

(1) Et après eux le P. Anselme, t. VI, p. 69.
(2) Le comte d'Armagnac est déclaré l'auteur du crime dans un acte authentique rapporté par Mathieu d'Escouchy, chap. VII de sa Chronique, éd. de Beaucourt, t. I, p. 69. V. aussi Quicherat, *Rodrigue de Villandrado*, p. 63, Paris, 1879.

plus intime, un bon voisin, un ami, dont les ancêtres n'avaient jamais été indifférents à sa prospérité et dont les descendants devaient suivre les mêmes traditions. Cette famille remontait aux plus hauts temps de la chevalerie. Etablie primitivement à Tulle, elle en posséda la seigneurie en partie jusqu'au milieu du XIII° siècle ; elle se fixa ensuite à Sainte-Fortunade dans un rayon rapproché. En 1263, Guillaume Foucher, damoiseau, délaissa, moyennant une légère récompense (2.500 sols marchois), à l'abbé et au monastère de Tulle, sa part du château et de la seigneurie de la ville. Cette vente ou donation, survenue après celles des seigneurs de Chanac et de Tulle, concentra dans une seule main la seigneurie et le gouvernement de la ville et facilita son développement (1). En 1426, l'arrière-petit-fils de Guillaume préserva la ville des ravages de Jean de la Roche. A la fin du siècle suivant, en 1586, Antoine Foucher, de la même lignée, vint à son tour secourir Tulle dans une grande détresse, lui prêta la somme nécessaire pour payer sa rançon aux huguenots qui s'en étaient emparés (2). Ce sont là d'assez beaux titres à la reconnaissance d'une ville et lorsque les honneurs civiques seront décernés avec plus de justice et de discernement, en dehors de la camaraderie et de l'esprit de parti, peut-être donnera-t-on un souvenir mérité à ce nom de Foucher de Sainte-Fortunade, si étroitement mêlé à l'histoire de Tulle.

Pierre Foucher, seigneur de Sainte-Fortunade, dont nous avons des actes de 1400 à 1435, était fils de Jean Foucher et de Blanche de Chanac. Il est dit, en 1409, veuf de Blanche de Malemort (3). Le 4 septembre 1419, il se trouvait au nombre des « magnifiques et puissants seigneurs » qui prirent l'initiative de réunir les Etats à Tulle pour organiser une expédition contre Auberoche. Il y a lieu de donner leurs noms pour montrer une fois de plus que la noblesse du Bas-Limousin, sauf de rares exceptions, était d'accord avec le peuple dans la haine de l'Anglais.

---

(1) V. *Archives historiques de la Corrèze*, pièce XIV.
(2) V. *Tulle et le Bas-Limousin pendant les guerres de religion*, p. 99.
(3) Pièces de mes archives. La généalogie de Foucher, comme de la plupart des familles d'ancienne chevalerie, est absente dans le *Nobiliaire* de Nadaud.

Voici, en résumé, le commencement de cet acte remarquable :
« Sachent tous présents et à venir que l'an 1419 et le 4 septembre... ont été constitués nobles hommes Jean de Bonneval, chevalier, seigneur de Blanchefort, et Gouffier Hélie, seigneur de Vilhac, du diocèse de Limoges, d'une part ; et Jean Raynal, et Raymond Melier de la ville de Brive, dit diocèse, d'autre part. Comme magnifiques et puissants seigneurs Jacques, comte de Ventadour, Jean, vicomte de Comborn et Guillaume Beaupoil, comme procureur du vicomte de Limoges, Audoin de Peyrusse, seigneur des Cars, Pierre Foucher, seigneur de Sainte-Fortunade, Nicolas, seigneur de Maumont, Jean, seigneur de Mirabel, Hector d'Anglars, Gui de Saint-Chamans, Frénot de Rochefort, Guillaume du Saillant et Hugonet de Meillars, et autres personnes du clergé et de la noblesse eussent considéré et avisé pour le bien, utilité et convenance du pays et pour obvier aux grands et infinis maux, dommages, actes détestables et irréparables que les Anglais ennemis de notre souverain seigneur le roi de France, font, perpètrent, commettent et ont accoutumé de faire, perpétrer et commettre dans les pays et provinces de Limousin et de Périgord... »

Les dits seigneurs ayant assemblé les Etats, sans intervention officielle, leur exposent qu'ils sont dans l'intention d'aller assiéger Auberoche occupé par le capitaine anglais Beauchamp et leur demandent de consentir à un impôt de 24,000 livres sur les évêchés de Limoges et de Tulle. Les Etats délibèrent : les abbés d'Uzerche, Obazine, Beaulieu, Vigeois, Meymac, Bonnaigne, Valette, le prévôt de Naves, vicaire général royal de l'évêché vacant, le prévôt de la Valette, les prieurs de Port-Dieu et de Saint-Angel, la prieure de Bonnesagne, le commandeur de Belle-Chassagne, les seigneurs de Gimel, de la Roche-en-Limousin, de Malemort, de Lestranges, de Châteauvert, d'Aix, de Saint Yrieix, de Charlus, d'Eygurande, du Monteil, les consuls d'Ussel, Meymac, Neuvic, présents ou représentés, donnent leur assentiment et votent l'impôt... (1).

---

(1) Cette pièce importante a été signalée par Baluze qui en possédait l'original (*Hist. Tut.*, p. 213). Mal analysée par Marvaud (*Hist. du Bas-Limousin*, t. II, p. 249), elle a été publiée par M. A. Thomas sur l'original de Baluze (*Etats provinciaux*, t. II, pp. 3 et suiv.)

Nous ne savons ce qu'il advint de ce projet d'expédition sur Auberoche. M. Antoine Thomas rapporte que grâce à cette organisation la place d'Auberoche fut emportée et que le pays fut mis pour quelque temps à l'abri des incursions des ennemis, mais il ne s'appuie dans cette assertion que sur l'historien Marvaud qui n'a pas l'habitude d'indiquer ses sources et est souvent inexact (1). Ce qui est certain, c'est que les Anglais étaient de nouveau maîtres d'Auberoche en 1424 et années suivantes. Ils n'en furent délogés qu'en 1429 par Jean de Bretagne et ses alliés le vicomte de Turenne, le baron de Mareuil et Jean de la Roche (2).

Pierre Foucher paraît être décédé peu avant 1445.

Guillaume de Boussac est aussi un personnage connu. Sa famille marquait dans la bourgeoisie de Tulle dès le milieu du XIII<sup>e</sup> siècle. De cette qualité il n'en est guère dont on trouve des traces plus reculées. Mossen Giral de Boussac, Hélias et Guillaume de Boussac figurent dans divers actes de 1242 à 1285. De ce dernier, notre Guillaume descendait en ligne directe et sa filiation peut être établie sans interruption. Déjà noble de fait par ses alliances et de nombreuses possessions féodales, cette famille fut anoblie officiellement en 1370. A cette date, Charles V, voulant récompenser la fidélité de la ville de Tulle, lui accorda de grands privilèges qui ne sortirent pas à effet (nous avons dit ailleurs pourquoi) (3), et conféra la noblesse à plusieurs de ses citoyens. De ce nombre furent Guillaume de Boussac, le vieux, et Guillaume de Boussac, le jeune (4). Guillaume de Boussac, IV<sup>e</sup> du nom, vivant en 1426, était fils de Guillaume de Boussac, le jeune, et d'Hélène de Roffilhac, d'une famille noble du Querci. Il épousa lui-même une fille de la même maison, Hélide de Roffilhac (5). Guillaume IV de Boussac, sans doute cadet, se destina d'abord à la cléricature et il se réclame de la qualité de clerc en 1427. Plus tard, il se maria et eut des enfants, entre autres Antoine

---

(1) Marvaud, *ibid*.
(2) Voir ma notice sur Jean de la Roche.
(3) Voir *Archives historiques de la Corrèze*, pièce XIV.
(4) Voir Baluze, *Hist. Tut.*, p. 205.
(5) Cartulaire de Boussac.

qui continua la postérité. D'après les preuves de 1666, faites devant l'intendant Daguesseau, que Nadaud s'est contenté de reproduire, suivant son habitude, Guillaume IV fit son testament le 4 février 1470 et dut mourir bientôt après. Etienne Baluze déclare que de son temps la famille de Boussac n'existait plus (1), mais il a été mal renseigné. Elle s'était, vers le milieu du xv° siècle, divisée en deux branches, les Boussac, seigneurs d'Ublanges, paroisse de Bar, et les Boussac, seigneurs de Boussac, paroisse de Sainte-Fortunade. La première branche avait des représentants à Ublanges et à Donzenac au commencement du xviii° siècle. La branche de Boussac, de Boussac, paraît s'être éteinte dans la maison de Lauthonnye (2).

Guillaume IV de Boussac a laissé d'autres souvenirs. C'est grâce à lui que la généalogie de sa famille, d'origine bourgeoise, peut être remontée jusqu'au commencement du xiii° siècle, ce qui est extrêmement rare, nous le répétons. Vers 1430, il dressa, probablement de sa main, une analyse de tous les actes qu'il possédait concernant sa maison et ses affaires. Ce grand registre, in-4° de 130 feuillets, rédigé en langue limousine, d'une écriture admirable de netteté, que je désigne sous l'appellation de Cartulaire de Boussac, fournit les plus précieux renseignements. Il permet non seulement de suivre à travers les trois derniers siècles du moyen âge l'histoire intime d'une famille, sa marche vers la fortune et la noblesse, mais il donne des notices abondantes et précises sur la condition des terres et des personnes, le prix des denrées, le droit féodal, les mœurs, la langue populaire, dans cette période, à Tulle et aux environs. Je lui ai déjà emprunté ce curieux plaidoyer de Guillaume de Boussac lui-même, écrit en langue limousine vers 1430, pour maintenir en servage ses tenanciers d'Ublanges (3).

Pierre Chalon et Martin de Sorrias, ces riches habitants de Tulle qui cautionnent Guillaume de Boussac ont aussi laissé des traces dans les documents d'archives. Leur identité peut

---

(1) Baluze, *Hist. Tut.*, p. 205.
(2) Cartulaire de Boussac.
(3) *Archives historiques de la Corrèze*, pièce XXIII.

être fixée. Parlons d'abord du plus important et dont la descendance directe existe encore.

Le famille *de Sorrias, de Sorriis, de Surriis*, plus tard de Souries apparaît dans les actes un peu plus tard que celle de Boussac, mais dès la fin du xive siècle elle compte parmi les premières de la ville de Tulle. Elle appartenait à cette grande bourgeoisie riche, lettrée, vivant noblement, dont les fils, selon leurs goûts et leurs aptitudes, continuaient l'industrie paternelle, se consacraient au service de Dieu, accédaient aux charges de justice ou de finance, et pénétraient aisément dans la noblesse par leurs alliances et leurs services. Ces grands bourgeois existaient alors dans les petites villes, particulièrement à Tulle, tout comme à Paris. Jacques de Sorriis, citoyen de Tulle, était en 1397 bailli royal de Brive ou lieutenant du sénéchal du Limousin qui était alors Guillaume Le Bouitillier (1). Le lieutenant du sénéchal était le premier personnage de sa circonscription dans l'ordre civil et judiciaire, et par délégation du sénéchal ou gouverneur il exerçait même parfois l'autorité militaire. Martin de Sorrias, son parent, était fils de Pierre de Sorriis et de Peyronelle de la Armandie (peut-être de la Arnaudie). Il devait être né au plus tard vers 1394, puisqu'il était certainement majeur de vingt-cinq ans en 1419. A cette date, en effet, aux Etats tenus à Tulle pour l'expédition d'Auberoche, il fut élu commissaire avec Guillaume de Beaupoil pour la levée de l'impôt qui fut voté (2). Il fut syndic de Tulle, avec Jean de Brossas et autres, l'an 1423 (3). La même année il se porta appelant contre l'évêque de Tulle au sujet des fours et moulins bannerets de la ville (4). Le 8 janvier 1436, Charles VII faisant don aux Etats du Bas-Limousin d'une somme de 3,650 livres, sur l'aide de 5,000 livres que les dits Etats lui avaient octroyée au mois d'août 1435, ce don ayant pour objet la recouvrance du château de Dome en Périgord, désigna pour recevoir cette somme « Pierre de Royère, et Martin de Sorrias, bourgeois et marchant de la vile de Tuelle » qui en auraient l'entière administration, sans contrôle de la chambre des

---

(1) Pièce de mes archives. Con de Saint-Martial.
(2) A. Thomas, *op. cit.*, t. I, pp. 102, 141, 227; t. II, pp. 3 et s.
(3) Baluze, *Hist. Tutel.*, app., col. 736.
(4) Inventaire des titres du chapitre de Tulle, p. 22.

comptes (1). Le 23 juin 1444, Martin de Sorris figure pour une somme de cent sols sur l'état distributif, approuvé par le roi, d'une somme de 2,422 livres votée par les États pour indemniser les personnes s'étant occupées des affaires du pays (2). Qualifié dans les actes notariés d'abord *providus vir* ou *discretus vir Martinus de Sorrias, burgensis et mercator Tutelle*, et bientôt après *nobilis vir Martinus de Sorriis, burgensis et mercator Tutelle*, il était seigneur foncier et justicier de nombreux fiefs, ce qui explique la qualité de noble qui lui est attribuée (3). Par son mariage il devint le représentant d'une des familles distinguées de la province. Il épousa en effet Jeanne de Lavaur, dame de Lavaur, paroisse d'Espagnac, héritière de sa maison (4). A la montre des nobles du Bas-Limousin, faite à Eymoutiers le 2 janvier 1470 (v. s.) comparaissent : « Jehannot Sourrie, l'aisné, escuier, à deux brigandines, avecques salade, voulge, espée et dague » et « Yvonnet de Sourries, armé de brigandines, salade, voulge, espée et dague ». (5) Martin de Sorrias vivait encore en 1451. Ce fut comme on voit un personnage marquant.

Le passage de la bourgeoisie à la noblesse, qui la plupart du temps n'avait rien d'officiel et se trouvait à un moment donné un fait accompli, d'abord toléré, accepté, puis légal, ne s'effectuait pas pourtant, dans ces époques reculées, par la simple fantaisie. La richesse foncière, les alliances, les services rendus à la chose publique justifiaient ordinairement aux yeux des contemporains ce changement d'état. A ce tournant, il y a presque toujours un homme qui par son mérite ou d'heureuses circonstances a dépassé le niveau de sa condition et s'est cru

---

(1) A. Thomas, *op. cit.*, t. II, pp. 72, 74.
(2) *Ibid.*, t. II, p. 186.
(3) Actes de notaires du XVe siècle. Transcription de M. Oscar Lacombe.
(4) Acte de Costut, notaire. Biblioth. nat., nouv. acq. lat., 1068. — Bonaventure de Sourice de Lavaur, arrière-petit-fils de Martin, épousa, le 8 décembre 1500, Catherine Foucher de Sainte-Fortunade, héritière de sa maison.. La descendance directe de Bonaventure de Lavaur et de Catherine de Sainte-Fortunade est encore aujourd'hui, très honorablement représentée par le comte de Lavaur de Sainte-Fortunade et ses fils dont l'un est premier secrétaire de l'ambassade de France à Rome. — C'est l'exemple très rare d'une famille n'ayant pas quitté son lieu d'origine depuis plus de cinq siècles.
(5) *Archives historiques de la Corrèze*, pièce X.

autorisé à s'agréger à la classe supérieure ou a facilité cette ascension à sa postérité. C'est le cas des Chalon comme des Souries.

Pierre Chalon, caution avec Martin de Souries de Guillaume de Boussac, était fils de vénérable et circonspect Pierre Chalon, distingué professeur de droit, *legum egregio professore*, et de Hélisé de Boussac (1). Pierre Chalon le fils, licencié en décrets, bourgeois de Tulle, s'allia en 1424 avec Jeanne d'Orgnac, de la plus antique noblesse du Bas-Limousin et devint seigneur de la Chapelle-aux-Plas, près Argentat. Il prit alors la qualité de noble. Noble Jeanne d'Orgnac est dite veuve de noble Pierre Chalon, de Tulle, dans le testament qu'elle dressa le 23 mars 1450 (2). Autre Pierre Chalon, fils des précédents, comparait à la montre des nobles du Bas-Limousin : « Pierre de Chaslon, escuier, seigneur de la Chapelle, en brigandines, salade, voulge, espée et dague » (3). Cette famille, dont le nom revient souvent dans les annales de la ville de Tulle, s'est éteinte au xvii° siècle dans la noble maison de Pesteils, d'Auvergne.

Quant à la famille de Nicolas la Vergne, le marchand de fer, elle resta de la petite bourgeoisie. On peut cependant la suivre jusqu'au xvi° siècle. Hélis Lavergne, qui en était issue, fut femme de Pierre Baluze, libraire à Tulle, dont elle était veuve en 1536. L'illustre Etienne Baluze était leur arrière-petit-fils.

Voici donc une page nouvelle ajoutée à l'histoire de Tulle. Nous regrettons de n'avoir pu mieux reconstituer toutes les péripéties du drame ignoré de 1426. En faisant connaître avec quelques détails les personnages qui s'y trouvèrent mêlés, nous avons voulu montrer la portée sérieuse de notre document et surtout orienter les recherches ultérieures qui pourraient compléter notre découverte. Ce résultat est fort à désirer.

---

(1) Acte reçu Serre, notaire à Tulle, 1411. Bibl. nat., nouv. acq., 1068, et Cartulaire de Boussac.
(2) De Quercu, notaire. Bibl. nat., nouv. acq., 1068.
(3) *Archives historiques de la Corrèze*, pièce X.

www.ingramcontent.com/pcd-product-compliance
Lightning Source LLC
Chambersburg PA
CBHW060503050426
42451CB00009B/790